AF502237

# GESSNER,

## COMÉDIE

EN DEUX ACTES ET EN PROSE,

MÊLÉE DE VAUDEVILLES.

Par les Cens. BARRÉ, RADET, DESFONTAINES, BOURGUEIL.

*Représentée sur le Théâtre du Vaudeville, rue de Chartres, le 11 Prairial an VIII,* (31 mai 1800.)

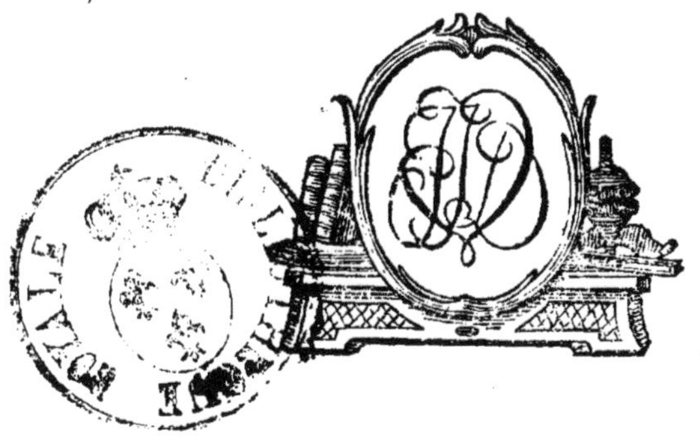

A PARIS,

Chez BRUNET, libraire, rue Git-le-cœur, No. 18.

AN VIII R. M. DCCC.

## *P E R S O N N A G E S.*

| | |
|---|---|
| GESSNER. | *Le C. Henri.* |
| M. HEIDEGUER. | *Le C. Vertpré.* |
| M. FORMAT, libraire. | *Le C. Lenoble.* |
| M. HERMANN, commis de Gessner. | *Le C. Chapelle.* |
| ROBERT, jardinier de Gessner | *Le C. Carpentier.* |
| CLAIRE, sœur de Gessner. | *Mme. Blosseville.* |
| LAURE, fille de M. Heideguer. | *Mme. Henri.* |
| GUILLAUME. | *Fréd. Blosseville.* |
| SUZETTE. | *Minette.* |

*La scène se passe à la maison de campagne de Gessner, près Zurich.*

# GESSNER,

## COMÉDIE EN DEUX ACTES.

## ACTE PREMIER.

*Le Théâtre offre l'intérieur d'un pavillon de jardin. On y voit exposés sur des chevalets, trois paysages représentant, l'un le matin, l'autre le midi, l'autre le soir; plus, une toile nue, sur laquelle est seulement un autel tracé. Au lever du rideau, Robert arrange des fleurs dans un vâse, Claire lit.*

### SCÈNE PREMIÈRE.

ROBERT, CLAIRE, *lisant.*

ROBERT.

AIR : *Oui ce n'est que dans nos asyles.*

L'aut'jour j'portais des fleurs nouvelles,
Plein mon grand panier,
V'là qu'une dame des plus belles,
D'loin s'met àm' crier :

O jardinier, beau jardinier!
Veux tu m'vendre tes fleurs nouvelles?
Si j'veux vous les vend'oui vraiment,
mais ce n' s'rapas pour de l'argent.

CLAIRE.

AIR : *O ma tendre musette.*

Dans cet aimable ouvrage,
Que de détails charmants!
C'est la touchante image
Des mœurs des premiers tems.
Sans cesse j'aime à lire
Ce livre qui m'est cher,
Et je me plais à dire,
Je suis sœur de Gessner.

ROBERT.

AIR : *Oui, ce n'est que dans nos asyles.*

Que faut-il donc pour cette emplette?
M'faut un doux baiser :
Un baiser! l'audace est complette,
Vous pourriez l'oser!
N' vous gênés pas pour me r'fuser,
J' vas porter mes fleurs à Janette,
J' suis sur de deux baisers comptant
Et ça vaut mieux que de l'argent.

CLAIRE, *à part.*

Quoiqu'en puissent dire les critiques, quand on a fait un pareil ouvrage, je ne conçois pas qu'on promette de ne plus écrire, et sur-tout que l'on tienne sa promesse. C'est assurément un grand sacrifice.

( *Elle continue de lire* ).

ROBERT.

V'là tout à l'heure mes fleurs arrangées..... I' n' faut pas d'mander c'que lit Mlle. Claire.... ....... J'gagerais bien qu'c'est le livre qu'not' maître a fait.... ( l'poëme d'Abel ), tous les jours après dîné, c'est la lecture d'mamezelle.... pas vrai, mamezelle ? C'est un drôle d'jeune homme qu'M. Gessner! . . . . ça n'a pas trente ans, et au lieu d's'amuser à s'divertir à la ville comm' les aut' jeunes gens, ça passe son temps à travailler à la campagne. A présent qui n' fait pu d'livres, ï s'est mis à fair' des tableaux, et d'puis six mois, il a l'pinceau à la main du matin au soir. . . . pas vrai mamzelle? J' dis qu'il aime mieux ça qu' d'être à Zurich dans son imprimerie ou dans sa boutique d'libraire. Heureusement qu'il a M. Hermann son commis qui s'y entend, quoiqu'i'rabache souvent et qu'i'bégaye toujours, pas vrai, mamezelle ?

CLAIRE (*se levant et cessant de lire*).

Tu as fini ?

ROBERT.

Oui, Mamzelle, mais qu'est-c'donc qui nous arrive aujourd'hui, qu' nous faisons tant d' préparatifs ?

CLAIRE.

C'est M. Heideguer qui vient passer huit jours ici avec sa fille.

ROBERT.

Mamzelle Laure !.... Oh ! je n' m'étonne plus si not' maître m'a tant r'commandé d'mettre des fleurs par-tout, et principalement dans la p'tite chambre bleue..... Pardienne ! il sembloit qu' je m' doutais d' ça, car j'ai mis dans c'tte chambre-là tout c' que j'avais d'mieux dans not' jardin.

CLAIRE.

Mon frère t'en saura gré ?

ROBERT.

Oh ! j' m'en doute bien, ça fait d' bonnes gens qu' M. Heideguer et sa fille ; l' papa est un brave homme ben franc, ben gai, et qui aime ben not' maître, et qui va l'aimer ben davantage à présent qu'i'fait des tableaux ; car i' doit s'y connoître, lui qui en a tant chez lui.

CLAIRE.

Oui, c'est un grand amateur : la peinture est-ce qu'il aime le mieux au monde, après sa fille.

ROBERT.

Ah ! dame, aussi, c'est que c'te fille là est une demoiselle ben aimable.

CLAIRE.

Tu trouves cela ?

ROBERT.

Oh ! j' crois qu' M. Gessner l'a trouvé avant moi, et que c'te demoiselle là pourroit ben d'venir not' dame. Je l'voudrais, ça f'rait ben d'l'honneur à la boutique d' not' maître.

CLAIRE.

Il y seroit plus souvent.

ROBERT.

Et ï f'rait ben.... D'ailleurs, faut qu' les gens d'esprit s' marient, il n'y a qu' les bêtes qui devroient rester garçons et filles.

CLAIRE.

Cela ne seroit peut-être pas plus mal.

ROBERT.

Ainsi, Mamzelle, quant à M. votre frère, je vous l'répète.....

*Air du vaudeville de Cruello.*

Faut qu'i s'marie absolument :
Ça s'roit morgué ? dommage,
Avec tant d'esprit et d' talent,
De n'pas s'mettre en ménage.
Tout c'que monsieur fait, vaut son prix;
Monsieur fait de jolis écrits,
Et d'jolis paysages :
Mais avec moi vous s'rez d'accord,
Que s'i's'marioit i'f'roit encor
I'f'rait encor
De pu jolis ouvrages.

---

## SCÈNE II.

LES MÊMES. GESSNER.

GESSNER.

Ah ! ma sœur ! voyez quel charmant œillet!

CLAIRE.

Il est très-beau.

ROBERT.

Comment ! monsieur, vous l'avez cueilli ! j'comptois l'mettre demain dans un bouquet que j'ferai pour quelqu'un.

GESSNER.

Je n'ai pu résister à l'envie de le dessiner.... quelles brillantes couleurs ! comme elles sont nuancées !.. ma sœur, avez-vous pris soin que rien ne manque à nos hôtes ?

CLAIRE.

Soyez tranquille.

GESSNER.

Qu'il me tarde de voir arriver M. Heideguer!

ROBERT.

Moi, aussi. J'suis ben impatient d'voir arriver mamzelle Laure.

CLAIRE.

Ils ne seront ici que vers le soir; ils attendront la fraîcheur pour se mettre en route.

ROBERT.

Oh! oui : d'Zurich chez nous, ils n'ont qu'deux p'tites lieues à faire.

GESSNER.

Je serois désolé qu'ils arrivassent trop tard, et que je fusse obligé d'attendre jusqu'à demain pour montrer mes tableaux à M. Heideguer. Que pensera-t-il du talent de l'artiste! (*à part.*) et Laure sera-t-elle sensible ! ...

CLAIRE.

M. Heideguer sera content. Je vais m'assurer si tout est préparé pour les bien recevoir.

GESSNER.

Ah! je vous en prie.

ROBERT.

Et moi, j'vais ach'ver d'ratisser mes allées.

( *Claire et Robert sortent* ).

## SCÈNE III.

GESSNER, *seul.*

( *Il s'assied, pose son œillet, prend un papier, et tire son crayon. Il se dispose à dessiner, et considère la fleur* ).

Je ne me lasse pas de l'admirer.... quels souvenirs cet œillet me rappelle!... Il n'étoit pas plus beau, celui que Laure un jour... ( *Il jette son crayon, et se lève brusquement.* ) Ah! si j'osois... si je n'avois pas donné ma parole de ne plus écrire... quelle charmante idylle!... Non, non, je n'en ferai plus... mais seulement une romance, tout le monde fait des couplets... j'ai renoncé même à faire des chansons... Sur quel air pourrois-je mettre celle-ci? ( *Il fredonne* ). Non, je commettrois encore quelqu'imprudence... Cette idylle de Mirtil et Daphné, que j'ai confiée à M. Huber, combien elle m'inquiète! Je l'ai vue traduite dans un journal. Si on savoit qu'elle est de moi... ( *il fredonne.* ) Oui, cet air va bien...

Non, je ne veux pas chanter cette fleur, je vais la dessiner. (*Il se remet sur sa chaise, reprend son crayon, et tout en dessinant, il fredonne*), Laure au lever... non, pas Laure... (*il se lève, quitte son crayon et son carton*). Doris... pourquoi pas? Oui... Doris.

*Air du C. Wicht.*

Doris, au lever de l'aurore,
Dans son jardin se promenoit;
Un œillet qui venoit d'éclore,
Sur les autres y dominoit.
Elle penche son beau visage
Tout près de la fleur incarnat,
Et soudain par ce voisinage,
La fleur voit ternir son éclat.

Mon dieu! voilà mon premier couplet fait: ah! quand j'en ferois deux..... (*il va voir si personne ne l'entend*).

*Même air.*

De la fleur qu'à peine elle touche,
S'exhale un parfum enivrant;
L'œillet semble baiser sa bouche,
Et je me dis en soupirant:
Pour prix de tant de soins fidèles,
Pour la punir de sa froideur,
Ah! que mes lèvres ne sont-elles
A la place de cette fleur!

Oui, ce fut bien là le vœu que je formai... mais je n'ai pas tout dit.... cela demande un troisième couplet.... je ne peux m'en dispenser....

*Même air.*

Doris s'éloigne.... je m'élance...
Je baise l'œillet enchanteur....
J'allois le cueillir... je balance....
Ah ! pourquoi ravir cette fleur ?
Doris, au lever de l'aurore,
Viendra la respirer demain ;
Pour y prendre un baiser encore,
Je reviendrai demain matin.

Que je suis fâché de n'oser montrer ces couplets à Laure !... Mais, pour ne pas les oublier... (*Il tire son crayon et ses tablettes.*) Voici ma sœur... allons les écrire au fond du jardin.

---

## SCÈNE IV.

GESSNER, CLAIRE.

CLAIRE, *en entrant.*

MON frère, trouvez-vous que j'ai bien fait ?...

GESSNER.

Très-bien, ma sœur, on ne peut pas mieux.

(*Il sort*).

## SCÈNE V.

### CLAIRE, *seule.*

EH bien! qu'est-ce qu'il dit donc? Il ne sait pas de quoi je veux lui parler.... Ah! mon pauvre frère! depuis qu'il est amoureux.... mais je ne puis m'en fâcher.

AIR: *Jettez les yeux sur cette lettre.*

Mon amitié douce et sincère,
Long-tems, Gessner, combla tes vœux;
Aimé de sa sœur, un bon frère,
Peut long-tems se trouver heureux.
Mais quand l'amour s'est fait entendre,
Qu'il s'est rendu maître d'un cœur,
Hélas! l'amitié la plus tendre
Ne suffit plus pour le bonheur.

## SCÈNE VI.

### CLAIRE, LAURE.

(LAURE *entre furtivement dans le pavillon*).

CLAIRE.

QUOI! c'est vous, ma chère Laure! nous ne vous attendions pas si-tôt.

LAURE.

Nous venons de descendre de voiture ici à côté, chez monsieur le Bailli : mon père avoit à lui parler; moi, j'étois pressée de vous voir, et je suis venue la première.

CLAIRE.

Mon frère ne vous a donc pas vu entrer?

LAURE.

Non, je vous croyois ici tous les deux.

CLAIRE.

Il me quitte dans l'instant, et sûrement il va revenir. Mais je ne suis pas fâchée que nous soyons un instant seules ensemble.

LAURE.

Est-ce que vous avez quelque chose à me confier ?

CLAIRE.

Comment trouvez-vous ces tableaux ?

LAURE.

Je ne suis pas grande connoisseuse, mais ils me paroissent bien.

CLAIRE.

Vous ne savez pas qui les a faits ?

LAURE.

Non.

CLAIRE.

C'est mon frère.

LAURE.

Gessner !

CLAIRE.

Lui-même.

LAURE.

Cela n'est pas croyable.... lui qui à peine savoit dessiner.

CLAIRE.

Tout est possible à l'amour.

LAURE.

A l'amour !

CLAIRE.

Oui, Gessner a renoncé tout-à-fait à la poésie que monsieur votre père n'aime pas, pour s'adonner entièrement à la peinture dont monsieur votre père est enthousiaste.

LAURE.

C'est donc pour se livrer à cette étude, que depuis six mois Gessner, est si souvent à la campagne ?

CLAIRE.

Précisément.

LAURE.

Je craignois que ce ne fût encore pour y faire des vers.

CLAIRE.

Non, non : il n'en fait plus, vous savez bien qu'il vous l'a promis.

LAURE.

Comme tout cela me paroît naturel!.....

CLAIRE.

Tout cela est fait d'après nature.... ce sont des sites de nos environs.

LAURE.

En effet... je crois reconnoître.... me trompai-je!... Non... Mais voyez, voyez donc, ma bonne amie.

CLAIRE.

Quoi!

LAURE.

*Air du C. Wicht.*

Je reconnois ce joli paysage;
Vers ce côteau couvert de bois,
Gessner, pour la première fois,
S'est présenté sur mon passage.
Le cœur, sans doute, a guidé le pinceau.
Ah! combien j'aime à revoir ce côteau!

LAURE.

Comment! c'est l'endroit où vous avez vu mon frère pour la première fois?

LAURE (*regardant le deuxième tableau.*)

Ah!

CLAIRE.

Eh bien !

LAURE.

*Même air.*

Voyez aussi cet ormeau solitaire ;
Là, d'un air bien touchant, bien doux,
Gessner tombant à mes genoux,
M'apprit que j'avois su lui plaire.
Le cœur encore a guidé le pinceau.
Ah ! combien j'aime à revoir cet ormeau !

CLAIRE.

Oui ? c'est-là que mon frère vous a dit ?...

LAURE.

*Même air.*

Et ce ruisseau d'une fraicheur extrême ;
C'est sur ces bords fleuris, qu'un jour,
Seule avec Gessner et l'amour,
J'osai prononcer le mot j'aime.
Le cœur toujours a guidé le pinceau.
Ah ! combien j'aime à voir ce ruisseau !

CLAIRE.

Je vois qu'il a bien fait de se livrer à la peinture. Le peintre sera peut-être plus heureux que le poëte.

LAURE.

Je n'en doute pas.

CLAIRE.

Cela pourroit décider votre mariage.

LAURE.

Croyez-vous !

CLAIRE.

Je le desire, car j'y suis aussi intéressée que vous.

LAURE.

Comment donc ?

CLAIRE.

*Air nouveau.*

Toujours la plus tendre union
A régné dans notre famille ;
Tant que Gessner sera garçon,
Moi, j'ai promis de rester fille :
Je ne dis pas précisément,
Que ce vœu-là me contrarie ;
Je veux bien garder mon serment ;
Mais il est tems qu'il se marie.

(*On entend Gessner fredonner dans le jardin*).

LAURE.

J'entends votre frère : il ne me croit pas encore ici : cachons-nous un moment.

CLAIRE.

Oui, cachons-nous.

LAURE.

Vous là, moi ici.

(*Elles se cachent derrière les rideaux*).

## SCÈNE VII.

LES MÊMES. GESSNER.

GESSNER.

QUE cette journée me paroît longue ! Mais Laure ne peut plus tarder. En l'attendant, occupons-nous d'elle : faisons-lui un bouquet. (*Il prend des fleurs et en forme un bouquet.*)

*Air du C. Wicht.*

De ne plus chanter Laure,
Puisqu'on m'a fait la loi,
Tendres filles de Flore !
Vous parlerez pour moi.

Vous me peindrez fidèle.
Et je serois heureux,
Si vous obteniez d'elle
Un sourire amoureux.

De ne plus chanter, etc.

Que ces fleurs que je lui destine me sont chères ! Que j'aurois de chagrin de ne pas les voir à son côté ! J'éprouverois le sort de ce pauvre Hylas.

(*Laure et Claire approchent de Gessner*).

*Air de la Fille en loterie.*

Un berger timide et discret,
Assis sous la verte ramée,

Venoit de cueillir un bouquet
Pour sa bergère bien aimée.
Il finissoit de l'arranger...
Voilà qu'une main téméraire,
Ravit le bouquet du berger...

CLAIRE (*lui arrachant le bouquet*).

Pour le donner à la bergère.

(*Elle donne le bouquet à Laure*).

GESSNER.

O ciel !

*Air du vaudeville du Mari Supposé.*

ENSEMBLE.

C'est vous, ma Laure ! ô surprise charmante !
Je soupirois après cet heureux jour.
Quel doux moment ! que mon ame est contente !
Vous allez donc embellir ce séjour.

LAURE.

C'est moi, Gessner ! ô surprise charmante !
Je soupirois après cet heureux jour.
Quel doux moment ! que mon ame est contente !
Qu'avec plaisir je revois ce jour !

CLAIRE.

Pour tous les deux, ô surprise charmante !
Ils soupiroient après cet heureux jour.
J'aime à les voir : que leur ame est contente !
Comme leur joie embellit ce séjour !

GESSNER.

Il faut aimer autant que j'aime,
Pour sentir quel est mon bonheur.

LAURE.

Laure, pour vous toujours la même,
Connoit bien Gessner et son cœur.

GESSNER et LAURE.

Comment ne pas aimer sans cesse,
Quand on est payé de retour!

CLAIRE.

Témoin de leur vive tendresse,
L'amitié sourit à l'amour.

TOUS TROIS *la reprise.*

C'est vous, ma Laure?..
C'est moi, Gessner..
Pour tous les deux... } ect.

GESSNER.

Et M. Heideguer?...

LAURE.

Il va venir.

CLAIRE.

Il est chez le Bailli.

GESSNER.

Je crains son arrivée, plus encore que je ne la desire.

LAURE.

Vous avez tort, Gessner.

GESSNER.

Est-ce que vous savez....

CLAIRE.

J'ai tout dit; nous avons tout vu, tout reconnu, et nous sommes très-contentes.

LAURE.

Comment ne le serois-je pas!

GESSNER.

Votre suffrage m'est bien doux, mais c'est celui de monsieur votre père qu'il faudroit obtenir. Une sœur voit avec indulgence, une amie avec intérêt, mais l'amateur éclairé, le connoisseur voit juste et juge avec sévérité.

CLAIRE.

Je respecte beaucoup messieurs les connoisseurs; ils sont heureux d'en savoir tant, mais je ne leur porte pas envie.

*Air du Chapitre second.*

De ces connoisseurs tant vantés,
L'humeur difficile est connue:
Toujours, à côté des beautés
Quelque défaut s'offre à leur vue.
Pour nous qui voyons moins bien qu'eux,
Mais que pourtant les beautés frappent,
Nous sommes doublement heureux,
Puisque les défauts nous échappent.

GESSNER.

Ma sœur, la critique est utile.

CLAIRE.

Mais souvent injuste, mon frère, et je pense qu'elle l'a été envers vos poésies.

GESSNER.

Oh! ne parlons pas de cela.

LAURE.

Voici mon père.

---

## SCÈNE VIII.

LES MÊMES. M. HEIDEGUER.

M. HEIDEGUER.

BONJOUR Gessner, bonjour Claire; embrassez moi mes amis. J'ai cru que ce bavard de Bailli n'en finiroit pas. Enfin j'en suis débarrassé.

GESSNER.

Quel bonheur pour nous de vous posséder ici!

HEIDEGUER.

Et pour moi!

*Air de l'Opéra-Comique.*

Ah! quel plaisir je me promets,
Pour huit jours j'ai quitté la ville;
Point d'importuns, point d'indiscrets,
Pour huit jours me voilà tranquille;
Pas la moindre application,
Pas la moindre petite affaire,
Et ma seule occupation
Sera de ne rien faire.

CLAIRE.

Toute la nôtre sera de vous rendre ce séjour agréable.

HEIDEGUER, *appercevant les tableaux.*

Ah ! ah ! il y a du nouveau ici.

GESSNER, *à part.*

Je tremble.

LAURE, *à part.*

La peur me gagne.

CLAIRE, *à Laure.*

Et moi aussi.

HEIDEGUER, *examinant les tableaux.*

Qui diable vous a fait ces tableaux ?

CLAIRE, LAURE, *à part.*

Ah ! mon dieu !

GESSNER.

Voyez, examinez.

HEIDEGUER.

D'après qui cela est-il ?

GESSNER.

D'après nature.

HEIDEGUER.

D'après nature !

CLAIRE.

C'est un coup d'essai.

HEIDEGUER.

Un coup d'essai! . . . . mais c'est bien, très-bien.

LAURE.

Vous l'entendez? J'étois sûr que mon père seroit content de vos ouvrages.

HEIDEGUER.

Quoi Gessner! ces paysages seroient de vous?

LAURE.

Oui, mon père.

HEIDEGUER.

Bravo, mon ami, bravo.

GESSNER.

Quoi! vraiment? . . . . ah! combien je suis enchanté d'avoir votre approbation!

HEIDEGUER.

Tu auras celle de beaucoup d'autres.

GESSNER.

Il y a une chose qui me chagrine.

HEIDEGUER.

Quoi donc?

GESSNER.

Mes tableaux ne veulent pas sécher.

HEIDEGUER.

Tu auras pris de mauvaise huile.

GESSNER.

Mauvaise ! J'ai employé tout ce qu'il y a de meilleur en huile d'olive.

HEIDEGUER, *éclatant de rire.*

Comment ! tu ignores qu'on ne se sert jamais d'huile d'olive en peinture ? On voit bien qu'il n'y a pas long-tems que tu t'en mêles ! Mais un commençant qui ne sait pas même de pareils détails, et qui compose de tels ouvrages, que ne nous montrera-t-il pas dans quelques années ! Conviens que j'ai eu raison de te faire renoncer à ta misérable poésie, pour cet art divin auquel tu es si bien appellé.

LAURE.

Oui, c'est un beau talent.

HEIDEGUER.

Le premier de tous..... Mon ami, je te le répète, je suis vraiment satisfait. ( *A part.* ) Le peintre aura ma fille. ( *Haut.* ) Mais dis-moi, pourquoi n'as-tu pas placé là quelques figures ?

GESSNER.

Ah ! c'est que.....

HEIDEGUER.

Cela met du mouvement dans un paysage. Tiens, par exemple, sous ce grand orme isolé, j'aurois mis sur le gazon une jolie bergère gardant ses moutons, et à ses pieds, un beau berger lui déclarant son amour : qu'en penses-tu ma fille ?

LAURE.

Mon père.....

CLAIRE.

M. Heideguer a raison : mon frère, il faudra mettre là une déclaration d'amour ; c'est la vraie place.

GESSNER.

Ah ! ma sœur, que dites-vous ?

*Air du vaudeville de la Revanche.*

Montrer aux pieds de sa maîtresse
L'amant entraîné par l'amour,
Et dans l'excès de son ivresse,
Tremblant, espérant tour-à-tour.
Ah ! ces transports qu'on ne peut plus contraindre,
Ce feu, ce bonheur, ce tourment,
Quand on les sent bien vivement,
Comment oser essayer de les peindre ?

HEIDEGUER.

C'est précisément ce que l'on sent bien que l'on exprime le mieux..... A ce que je vois, tu a voulu faire les quatre parties du jour..... Oui.... voilà le matin, le midi, le soir. Mais la nuit ?

GESSNER.

Vous en voyez la place.

HEIDEGUER.

Ah ! ah ! il y a déjà quelque chose de tracé.... Un autel !

GESSNER.

L'autel de l'himen.

HEIDEGUER.

Un autel de l'himen pour la nuit ! pas mal imaginé. Et le site du tableau ?

GESSNER.

Ah ! je ne sais pas encore.

HEIDEGUER.

J'espère que dans celui-là au moins, il y aura des figures.

GESSNER.

Je le voudrois bien.

HEIDEGUER.

Rien de si aisé : deux amans à l'autel.... Je vais te composer ton tableau. ( *A part.* ) Surprise pour surprise. ( *Haut.* ) La jeune fille... ma fille.

LAURE.

Moi !

HEIDEGUER.

Oui, viens ici.... Le jeune garçon, toi.... ( *Il les place.* ) La jeune personne, l'air embarrasé, rougissant, les yeux baissés.... c'est cela.... Le jeune homme transporté, ravi, croyant à peine à son bonheur.... comme toi dans ce moment-ci. Mademoiselle Claire, c'est toute la noce.... Sur le second plan.... moi, je suis le dieu de l'himen, je tiens les mains des deux amans, et je les unis.... et je les unis.... m'entendez-vous ? j'unis les deux amans.

LAURE.

Ciel !

GESSNER.

Est-il posssible !

CLAIRE.

Ma foi, ce dieu là est un bien bon père.

GESSNER.

Eh ! quoi ! je serois assez heureux !...

HEIDEGUER.

Oui, mon ami, je te donne la main de ma fille, je la donne au peintre Gessner.

LAURE.

Ah ! mon père !

HEIDEGUER.

*Air, du vaudeville de l'Eté.*

Ma fille depuis long-tems,
J'ai su lire dans ton ame,

Mon ami, depuis long-tems
Je connois tes sentimens,
Et pour prix de tes talens,
Je veux couronner ta flamme;
J'embellirai mes vieux ans
Du bonheur de mes enfans.

GESSNER, LAURE.

Dans tous les tems
Vos enfans
Seront constans.
Dans tous les tems,
Vos enfans
Seront amans.
Tous les jours vos enfans,
Quand vous couronnez leur flamme,
Tous les jours vos enfans
Béniront vos vieux ans.

ENSEMBLE.

LAURE, CLAIRE, GESSNER.

Tous les jours vos enfans, etc.

HEIDEGUER.

Tous les jours mes enfans,
Dont je couronne la flamme,
Tous les jours mes enfans
Béniront mes vieux ans.

GESSNER.

Je suis le plus heureux des hommes.

LAURE.

J'avois déjà pour vous le cœur d'une sœur.

CLAIRE.

Mais vous ne serez pas fâchée d'en avoir aussi le nom.

HEIDEGUER.

Ah! ça, mes amis, pendant les huit jours que nous allons passer ici, nous conviendrons de nos faits, nous ferons nos petits arrangemens, et nous irons ensuite passer le contrat, et faire le mariage à Zurich.... Mais la route m'a donné de l'appétit, et je ne serai pas fâché de souper de bonne heure.

GESSNER.

Ma sœur, cela vous regarde.

CLAIRE.

Je vais donner des ordres.... Venez avec moi, mademoiselle; vous voilà la maîtresse de la maison, il faut en faire les honneurs.

LAURE.

Volontiers.

HEIDEGUER.

Oui, oui, il faut la mettre au fait du ménage.... Mademoiselle Claire, montrez lui surtout où est votre bon vin de la côte.

## SCÈNE IX.

M. HEIDEGUER, GESSNER.

GESSNER.

Ah! monsieur! comment vous exprimer!....

HEIDEGUER.

Oui, oui, ta joie, ton bonheur, ta reconnoissance, je sais tout cela : mais à présent que nous sommes seuls, je suis bien aise de te dire, mon cher ami, que tu as pris le bon parti en renonçant à la poësie. D'abord, c'est que cela ne mène à rien, et puis, tu ne sais pas une chose, c'est que si tu avois continué, jamais, non jamais tu n'aurois été mon gendre.

GESSNER.

Quel sacrifice ne feroit-on pas pour obtenir la main de celle que l'on aime !

HEIDEGUER.

Ah! ah! le peu de succès que ton poëme a eu en Allemagne, n'a pas peu contribué à te dégoûter d'écrire, et c'est étonnant, car il y a beaucoup de tes confrères que cela ne fait qu'encourager.

## SCÈNE X.

GESSNER, HEIDEGUER, FORMAT, LAURE, CLAIRE.

CLAIRE.

Mon frère, voilà un étranger qui vous demande.

FORMAT.

C'est à M. Gessner que j'ai l'honneur de parler?

GESSNER.

Oui, Monsieur.

FORMAT.

Monsieur,

AIR: *J' n'avions pas encor quatorze ans.*

Blaise Format, voilà mon nom,
De mon état je suis libraire
A Paris en très grand renom:
Qui que ce soit ne dira non;
Car dans le monde littéraire,
Le Furet voilà mon surnom.
Courant les auteurs que l'on cite,
A travailler je les excite;
Après les avoir essayés,
Je les estime, les honore,

Et chose bien plus rare encore,
Je les ai toujours bien payés.

Oui, Monsieur.

HEIDEGUER.

Il est singulier, ce libraire là.

GESSNER.

Puis-je savoir, monsieur, ce qui me procure l'honneur de votre visite?

FORMAT.

J'arrive de Paris, je ne vous ai pas trouvé à votre imprimerie de Zurich, et je suis venu vous chercher dans cette campagne, d'après l'étonnant succès que votre poëme d'Abel vient d'obtenir en France.

GESSNER.

Comment!... que dites vous, M. Format! il seroit possible!... du succès!... en France!

HEIDEGUER.

Comme tu prends feu!

LAURE.

Il auroit réussi en France?

FORMAT.

Comment! vous l'ignorez? ah! que je suis enchanté d'être le premier à vous l'apprendre! Les femmes, sur-tout, sont folles de votre ouvrage.

CLAIRE.

C'est qu'il y règne un naturel.....

LAURE.

Une sensibilité !...

FORMAT.

Voilà ce que disent toutes nos dames, et c'est beaucoup que d'avoir leur approbation.

*Air de Wicht.*

Auteurs qui voulez réussir,
Des femmes cherchez les suffrages,
Ce sont elles qu'il faut choisir
Pour faire juger vos ouvrages :
Leur tact est si sûr, si parfait,
Un goût si juste les éclaire,
Qu'on est certain d'avoir bien fait
Quand aux femmes on a su plaire.

HEIDEGUER.

Ah ! oui ! quand aux femmes on a su plaire : on voit bien que vous êtes parisien.

FORMAT.

Monsieur, monsieur, le poëme d'Abel n'a pas seulement réussi auprès des femmes ; il est lu avec un égal empressement, par les gens de goût, les gens de lettres.

GESSNER.

Quoi ! j'aurois obtenu des suffrages si flatteurs !

HEIDEGUER.

Oh! oui je conviens que l'ouvrage n'est pas sans mérite.

FORMAT.

Sans mérite! ah! monsieur, c'est un ouvrage qui fait le plus grand honneur à M. Gessner.

AIR : *Ma chère enfant je te trouve charmante.*

Tous ces transports de tendresse et de haine
Comme il a su les exprimer!
Dans ses écrits il sait tout animer,
Il nous attache, il nous entraîne.
Lorsque Caïn se livre à sa fureur,
Ses noirs projets nous glacent de terreur;
En proie aux plus vives alarmes,
Sur Abel nous versons des larmes.
Ah! dans cet ouvrage enchanteur
Combien le crime fait horreur,
Combien l'innocence a de charmes!

LAURE.

Ah! c'est bien vrai.... vous en conviendrez, mon père.

HEIDEGUER.

Ainsi, monsieur, vous êtes venu en poste de Paris, et vous avez fait tout exprès 125 lieues pour faire compliment à Gessner : c'est très-poli de votre part.

FORMAT.

Je suis flatté d'avoir cette occasion de faire la connoissance d'un homme comme M. Gessner; mais ce n'est pourtant pas le seul motif de mon voyage. Je sais, monsieur, que depuis que vous avez publié le poëme d'Abel, vous vous occupez à faire des idylles.

GESSNER.

O ciel!

HEIDEGUER.

Des idylles? ....

GESSNER.

Qui a pu vous faire un pareil conte?... (*à part*) quel contre-tems!

HEIDEGUER.

On vous a trompé; Gessner n'écrit plus et n'écrira plus.... n'est-il pas vrai, mon ami?

GESSNER.

Certainement.

FORMAT.

M. Gessner ne plus écrire!... à votre âge, monsieur, quand vous pouvez encore produire vingt chef-d'œuvres, quand vous pouvez vous immortaliser, vous renonceriez à faire vivre votre nom après vous, dans la postérité la plus reculée?

HEIDEGUER.

Ah ! oui, on parlera de lui après sa mort, cela lui fera grand bien pendant sa vie.

AIR : *Trouverez-vous un parlement.*

Si jamais devenant auteur,
D'être imprimé, j'avais la rage ;
Si de plus, j'avais le malheur
De composer un bel ouvrage ;
Et si mon ouvrage vanté,
Devoit par un honneur suprême,
Aller à la postérité ;
Je voudrais l'y porter moi-même.

FORMAT.

Si M. Gessner veut traiter avec moi, il aura lieu d'être satisfait.

GESSNER.

Mais encore une fois... je n'ai point d'idylles.

FORMAT.

Oh ! monsieur..... je sais que votre porte-feuille en est plein, M. Hubert, le traducteur d'Abel, me l'a dit.

GESSNER, (*à part*).

Il auroit trahi mon secret !

HEIDEGUER, *à part.*

Eh ! mais...... je commence à soupçonner.

FORMAT.

Monsieur, donnez-moi la préférence; songez au voyage que je viens de faire tout exprès, d'ailleurs, M. Hardy est garçon, et moi je suis père de famille; j'ai sept enfans.

HEIDEGUER.

Mais si pourtant tu as des idylles, et si monsieur à sept enfans?....

FORMAT.

Oui, monsieur, tout autant.

GESSNER.

Et moi, monsieur, je n'ai point d'idylles.

FORMAT.

Vous ne pouvez pas le nier puisque M. Hubert en a une entre ses mains...... il me l'a montrée..... Mirtil et Daphné.

LAURE.

Mirtil et Daphné?

HEIDEGUER, *à part.*

Voici qui me paroît positif.

LAURE, *à Claire.*

Il auroit fait cette idylle!

## SCÈNE XI.

LES MÊMES, ROBERT.

ROBERT.

MONSIEUR, on vous demande.

GESSNER.

Qui ?

ROBERT.

Une voiture de Zurich, avec une lettre.

GESSNER.

Qu'on attende.

ROBERT.

C'est pressé.

GESSNER.

Voyons ce que ce peut être. Pardon : je reviens dans l'instant.

[ *Il sort avec Robert* ].

Ce monsieur Format est venu bien mal-à-propos.

## SCÈNE XII.

M. HEIDEGUER, FORMAT, LAURE, CLAIRE.

HEIDEGUER, *à part.*

AH ! M. Gessner, vous feriez des idylles !.... vous joueriez encore de la plume !.... il faut éclaircir cette affaire là.... heureusement, le contrat n'est pas encore signé.

FORMAT.

Monsieur! mesdames! je n'ai pas l'honneur d'être connu de vous mais croyez que je suis un galant homme: vous êtes les parens, les amis de M. Gessner: je vous en supplie, employez votre influence....

HEIDEGUER.

Nous l'employerons. Gessner ne se cache que par modestie, et cette modestie est très déplacée..... mais ma fille est peut-être dans la confidence.

LAURE.

Moi! mon père!

HEIDEGUER.

Tout à l'heure tu as été frappée des noms de Mirtil et Daphné.

LAURE.

Oui, mon père, je connois cette idylle: je l'ai trouvée dans le Mercure de France.

FORMAT.

Du mois dernier.

LAURE.

Oui.

FORMAT.

C'est cela même, M. Hubert devoit l'y faire insérer, pour pressentir le goût du public.

LAURE.

Comme il n'y a pas de nom d'auteur, j'ignore absolument si elle est de M. Gessner. Au reste, mon père, cela se pourroit bien, car elle est fort jolie...

HEIDEGUER.

Ah ! elle est fort jolie.

LAURE.

Si jolie que je l'ai fait apprendre aux petits enfans de votre jardinier pour vous la jouer le jour de votre fête.

HEIDEGUER.

Oui ! cela me fait naître une idée... Mais ma fête est trop loin.... Les enfans la savent-ils ?

LAURE.

Sans manquer un mot.

HEIDEGUER.

En ce cas, nous pourrions essayer... oui... M. Format, vous passerez quelques jours avec nous ?

FORMAT.

Monsieur....

HEIDEGUER.

Oui, oui, c'est arrangé.... Soyez tranquille, nous aurons le secret de l'auteur.

(*A part.*)

Et le poëte n'aura pas ma fille, car je ne l'ai promise qu'au peintre. Paix, le voici.

---

## SCENE XIII.

LES MÊMES, GESSNER.

CLAIRE.

DE quoi s'agit-il, mon frère?

GESSNER.

Cet imbécile d'Hermann qui veut que j'aille ce soir même à Zurich.

HEIDEGUER, *à part.*

Oh! que cela seroit heureux!

GESSNER.

Pour une affaire que monsieur dit de la plus haute importance, et de peur, m'écrit-il, que je ne lui réponde, comme cela m'arrive quelquefois, que mon cheval est malade, ou qu'il manque une roue à mon cabriolet, il m'envoie une voiture.

CLAIRE.

Est-ce qu'il vous demande pour long-tems?

GESSNER.

Jusqu'à demain. Mais vous sentez bien que je ne vous quitte pas.

HEIDEGUER, *à part.*

Ce n'est pas mon compte, il faut absolument qu'il parte. (*haut*). Mon ami, les affaires avant tout.

GESSNER.

Mais songez donc.....

HEIDEGUER.

Si tu ne pars pas, je pars. Point de gêne entre nous.

CLAIRE.

Mon frère, puisque M. Heideguer l'exige, soyez sûr que je vous remplacerai du mieux que je pourrai.

FORMAT.

Allez, monsieur, je vous attendrai.

GESSNER.

Monsieur....

HEIDEGUER.

Oui, nous trinquerons ensemble à la santé du maître de la maison.

GESSNER.

Quoi! vous voulez absolument?...

HEIDEGUER.

Oh! très-absolument.

GESSNER.

Il faut donc vous obéir.

LAURE.

Et revenir le plutôt possible.

GESSNER.

Oh! je serai ici demain matin, et de bonne heure.

HEIDEGUER, *à part.*

Ah! diable.... N'importe, en envoyant ce soir mon cheval et ma carriole.... C'est cela.... (*haut.*) Voilà qui est dit; tu prendras le chemin de traverse, tu reviendras en te promenant par le petit bois, et nous irons tous au-devant de toi.

GESSNER, *à Laure.*

Tous?

LAURE.

Oui, nous irons tous.

GESSNER.

Allons.

FORMAT.

Et demain, j'espère que nous ferons affaire.

GESSNER.

Pas plus demain, qu'aujourd'hui.

HEIDEGUER.

Laissez-le dire, et ne vous inquiétez pas. A demain.

HEIDEGUER.

*Air d'une Walze.*

A demain,
Point d'impatience ;
On peut supporter l'absence,
Quand on a d'avance,
La douce espérance
D'un retour aussi prochain.

ENSEMBLE.

GESSNER, LAURE.

A demain,
Mais la moindre absence
Cause une longue souffrance.
Jamais dans l'absence,
Tendre impatience,
Ne voit le retour prochain.

TOUS.

A demain,
Point d'impatience, etc.

GESSNER, *à Claire.*

Fais pour moi
Tout ce qu'il faut faire ;
Que Laure et son père...

CLAIRE.

J'entends, et mon frère
Peut compter sur moi.

HEIDEGUER.

Avec Laure et Claire
Nous irons, j'espère,
Au-devant de toi.

TOUS.

A demain, etc.

GESSNER.

Qu'avec peine, ô ma chère Laure!
Je m'éloigne encore!

LAURE.

Mais demain l'aurore
Vous ramènera,
Et dans ce voyage,
Plein de votre image,
Mon cœur vous suivra.

TOUS.

A demain, etc.

*Fin du premier Acte.*

# ACTE II.

*Le Théâtre représente un endroit champêtre ; on voit sur la droite, une grotte, au fond, une colline sur laquelle est un berceau : des arbres çà et là.*

## SCÈNE PREMIÈRE.

CLAIRE, LAURE, ROBERT, GUILLAUME, SUZETTE.

( *Claire et Laure assises aux deux côtés sur le devant du théâtre, sont occupées à habiller les enfans. Robert sur la montagne, arrange le berceau* ).

LAURE et CLAIRE.

AIR : *Avec Izeult et les amours.*

Mes bons enfans, ne craignez rien,
Montrez du zèle et du courage,
Et croyez que tout ira bien.
Mes bons enfans, ne craignez rien,
Tout ce qu'on fait, on le fait bien,
Avec les graces de votre âge.

LAURE, CLAIRE.

Mes bons enfans, ne craignez rien,
Allons, du zèle et du courage.

LES ENFANS.

Nous dirons bien, si l'on dit bien
Avec du zèle et du courage.

ROBERT.

Tout ce qu'on fait, on le fait bien
Avec du zèle et du courage.

ENSEMBLE.

SUZETTE.

Je sais mon rôle, et lui le sien.

GUILLAUME.

De mon mieux, je jouerai le mien.

LES DEUX ENFANS.

Le cœur sera notre soutien,
Car nous parlerons son langage.
Nous dirons bien, si l'on dit bien
Avec du zèle et du courage.

CLAIRE, LAURE.

Ils diront bien, si l'on dit bien
Avec du zèle et du courage.

ROBERT, *descendant.*

Tout ce qu'on fait, on le fait bien
Avec du zèle et du courage.

ENSEMBLE.

(*Il regarde le berceau.*)

D'ici, mon berceau s'verra bien,
M'est avis qui' n'y manqu'pu rien.

Non vraiment i' n'y manqu'pu rien,
Et j'suis content de mon ouvrage.

TOUS.

Tout ce qu'on fait, on le fait bien, etc.

CLAIRE, *aux enfans.*

Voilà votre petite toilette finie.

LAURE.

Et si vous jouez comme vous avez répété, on sera content de vous.

ROBERT.

Pardi! si on s'ra content!... Les enfans, c'n'est pas comme les grandes personnes, ça vous dégoise ça tout naturellement, ça va bien, et ça fait toujours plaisir.

GUILLAUME.

M. Robert! c'est donc moi qui ait fait ce berceau là?

ROBERT.

Oui, mon ami: quand j'dis toi, c'est moi.... Mais c'est toujours toi.

CLAIRE, *à Laure.*

Et vous êtes bien sûre que mon frère n'a jamais vu ces enfans là?

LAURE.

Jamais.

CLAIRE.

On auroit bien dû leur apporter à déjeûner.

ROBERT.

Bah ! est-ce que j'songe à rien, moi ! Et c'panier là....

GUILLAUME.

Tiens, comme il est lourd !

SUZETTE.

Oh ! les belles poires !

GUILLAUME.

Et des gâteaux.

LAURE.

Ces pauvres enfans ! tu les as éveillés avant le jour.

ROBERT.

Dame ! vous vouliez l'zavoir si matin.

CLAIRE.

Ils n'ont pas dormi.

SUZETTE.

Oh ! mon dieu si, mam'selle, nous avons dormi dans la cariole.

GUILLAUME.

Nous étions comme dans not'lit, si ce n'est que ma sœur et moi, nous nous tapions la tête d'tems en tems, l'un cont'l'autre.

ROBERT.

Ah! dame, c'est que l'ch'min est un p'tit peu raboteux, car la voiture est solide.

SUZETTE.

Malgré cela, nous dormions de bon cœur.

ROBERT.

Et vous allez déjeûner d'même, c'qui vaut encore mieux. . . . oui.

AIR : *Pierrot sur le bord d'un ruisseau.*

J'conviens qu'dormir ça fait plaisir,
Lorsqu'en dormant on n'fait pas d'mauvais rêve,
Pourtant l'plaisir, i faut l'sentir,
Et l'on n'peut pas s'sentir dormir;
Mais ben déjeûner quand on s'lève
Ça vaut ben mieux, chacun doit en conv'nir;
Oui, c'plaisir là me fait ben pu d'plaisir,
Car j'suis éveillé pour l'sentir.

SUZETTE.

Viens, mon frère, mettons-nous là sous ces arbres.

LAURE.

Mon père tarde bien.

ROBERT.

Quoi qui n'y ait qu'd'eux pas d'la maison ici, i' n'arriv'ra pas d'sitôt ; c'monsieu' qui est avec lui l'arrête à chaque instant : on diroit qu'i n'a jamais vu d'montagnes, c'monsieu'là.

( *Robert et les enfans se retirent sur un des côtés du théâtre. Les enfans déjeûnent* ).

CLAIRE.

Mon frère va être bien étonné.

LAURE.

Et bien embarassé , après le mystère qu'il nous a fait à vous et à moi.

CLAIRE.

Vous êtes un peu fâchée contre lui.

LAURE.

Et j'ai raison de l'être. Cependant je ne crois pas que ce soit là le sentiment qui m'a déterminée à seconder les projets de mon père, et maintenant que le moment approche , je crains que Gessner ne se fâche.

CLAIRE.

*Air nouveau.*

Eh ! quoi ! vous êtes inquiète ,
Ah ! vous lisez mal dans son cœur ;
Je n'ai pas la même frayeur ,
Gessner est amant et poëte.
Sans crainte , attendez son retour ,
Votre cause n'est pas perdue ,
Vous allez être défendue
Par l'amour-propre, et par l'amour.

LAURE.

Ce sont deux bons défenseurs, et vous me rassurez. Mais mon père n'arrive pas.

CLAIRE.

Montons sur la colline, nous les verrons venir.

( *Elles montent sur la colline* ).

ROBERT, *aux enfans.*

Eh ben ! mes p'tits camarades, comment va l'appétit ?

SUZETTE.

Le mien commence à se passer.

GUILLAUME.

Le mien va toujours.

ROBERT.

Mesdames, voyez-vous quequ's-un là-haut ?

CLAIRE.

Personne encore.

GUILLAUME.

En attendant qu'on arrive, M. Robert, chantez-nous donc cette jolie chanson qui nous a endormis dans la cariole.

ROBERT.

L'garçon à marier.

SUZETTE.

Ah ! oui. L'garçon à marier.

ROBERT.

Avec plaisir, mes p'tits enfans : attention.

GUILLAUME.

Ah ! moi, j'écouterai bien, parce que je veux la retenir.

SUZETTE.

Et moi aussi.

ROBERT.

V'là que j'm'y mets.

AIR : *En revenant de Versailles.*

Mamselle, êt' vous l'ass' d'êt' fille ?
Moi ! j'suis las d'être garçon ;
J'sis l'dernier de ma famille ;
I' m'en faut qu'euqu' p'tit rej'tton.
Pour entrer dans l'mariage,
J'n'ai pas l'sou, mais jarnigoi,
J'aurai l'cœur à l'ouvrage,
Voulez-vous de moi ?

LES ENFANS.

J'aurai l'cœur à l'ouvrage,
Voulez-vous de moi ?

ROBERT.

J'suis taquin, j'gronde, j'rabache,
Si j'dis oui, n'faut pas dir' non ;
Quand ça m'fait plaisir, je m'fâche,
Soit qu'j'aie, ou tort ou raison ;
Si l'on m'résist', mon usage

C'est d'taper mais j'arnigoi!
J'aurai l'cœur, etc.

LES ENFANS.

J'aurai l'cœur, etc.

ROBERT.

J'aime à boire à tasse pleine,
Et j'm'enivre dès que j'bois,
Un' fois chaqu' jour de la s'maine,
Et le dimanche deux fois.
J's'rai jaloux dans mon ménage,
A fair' peur, mais jarnigoi!
J'aurai l'cœur, etc.

LES ENFANS.

J'aurai l'cœur, etc.

ROBERT.

V'là c'que c'est.

GUILLAUME.

Il est genti, l'garçon à marier.

SUZETTE.

Si genti, que j'n'en voudrois pas.

ROBERT.

Eh! ben, vous ne voyez toujours rien là-haut?

LAURE.

Non.

ROBERT.

Je l'crois ben; v'là ces messieurs qui viennent par ici.

## SCÈNE II.

LES MÊMES, M. HEIDEGUER, FORMAT.

FORMAT.

AH! monsieur, le superbe pays! quelles vues! quel spectacle!

HEIDEGUER.

Quel séjour pour les peintres!

FORMAT.

Et pour les poëtes.

*Air de Wicht.*

Ces vallons, ces riches campagnes,
Dans les prés ces troupeaux errans,
Ces bois, ces neiges, ces montagnes,
Ces précipices, ces torrens!...
Pour exprimer tout ce qu'inspire
La grandeur d'un si beau sujet,
O Delille! il faudroit ta lyre,

HEIDEGUER.

Ou la palette de Vernet.

Vous parlez du pays, mais ses habitans!

*Même air.*

Le suisse, enfant de la nature,
Jouit en paix de ces douceurs;
Vous aimerez sa gaîté pure,
La simplicité de ses mœurs.

Pour peindre l'innocence heureuse,
Qu'ici l'on respire avec l'air,
Il faudroit le pinceau de Greuse,

FORMAT.

Ou le chalumeau de Gessner.

HEIDEGUER.

Ah! oui, le chalumeau de Gessner! je me flatte, monsieur, que nous allons avoir le plaisir de l'entendre. Sommes-nous prêts?

LAURE.

Oui, mon père.

CLAIRE.

Et mon frère ne tardera surement pas.

HEIDEGUER, *tirant sa montre.*

Ah! diable! Vous avez raison; nous sommes convenus qu'il partiroit à six heures, il en est bientôt huit.

LAURE.

Il ne faut pas nous laisser surprendre.

ROBERT.

Oh! ne craignez rien.... pour peu que M. Hermann ait eu à gronder not' maître.... Seulement pour lui dire a-a-adieu, po-po-portez-vous bien, il lui faut un quart-d'heure.

CLAIRE.

Si Robert alloit à la découverte?

HEIDEGUER.

Il feroit bien.

ROBERT.

Volontiers.

HEIDEGUER.

Va te mettre en sentinelle au coin du petit bois, et dès que tu appercevras Gessner, tu viendras nous avertir.

ROBERT.

Soyez tranquille : j'ai d'bons yeux, je l'verrai d'loin. ( *Il sort.* )

---

## SCÈNE III.

LES MÊMES, *excepté* ROBERT.

FORMAT.

AINSI, vous espérez que M. Gessner avouera ses Idylles ?

HEIDEGUER.

Je n'en doute pas.

*Air du Noël suisse.*

Il prétend se taire,
Mais le grand mystère
Va se dévoiler,
Oui, Gessner va parler :
Souvent les auteurs,

Fort aimables d'ailleurs,
Font, nous les connoissons,
De petites façons.
Mais qu'on les caresse,
Qu'on use d'adresse,
Qu'avec délicatesse
On flatte leur faiblesse,
Le moins indiscret
Trahira son secret.

ENSEMBLE.

HEIDEGUER, FORMAT.

Dès qu'on les caresse,
Qu'on use d'adresse, ect.

CLAIRE, LAURE.

Un cœur qu'amour blesse
A même foiblesse,
Il cache sa tendresse;
Mais pour peu qu'on le presse,
Le moins indiscret
Trahira son secret.

HUIDEGUER.

Et nos petits acteurs?

CLAIRE.

Ils savent leurs rôles.

LAURE.

Je réponds d'eux.

FORMAT.

Ah! monsieur, que vous avez eu là une excellente idée!

LAURE.

C'est moi qui l'ai suggérée à mon père.

CLAIRE.

Ma sœur a raison.... Je puis déjà lui donner ce nom, car c'est comme si elle l'étoit.

EORMAT.

Que je vous en félicite, mademoiselle, et que vous serez heureuse d'avoir un poëte pour mari!

*Air du Vaudeville de Chaulieu.*

Grace, esprit, sentiment, gaîté,
D'un poëte font le langage,
Partout il chante la beauté,
Partout elle obtient son hommage.
Sur le ton charmant des amours,
Le poëte montant sa lyre,
A sa tendre épouse a toujours
Quelque chose d'aimable à dire.

HEIDEGUER.

Oh! oui! un mari poëte n'est pas un mari comme un autre.

*Même air.*

Tour-à-tour, il chante Doris,
Eglé, Cloé, Daphné, Climène;
Cloris, Naïs, Philis, Iris,
Aurore, Flore, Hélène, Ismène;

Si bien, qu'à fêter tant d'appas,
L'auteur fatigue tant sa lyre,
Que pour sa tendre épouse, hélas!
Sa muse n'a plus rien à dire.

---

## SCÈNE IV.

LES MÊMES, ROBERT.

ROBERT, *accourant.*

Eh vîte, eh vîte....

AIR : *En revenant de Bâle en Suisse.*

V'là monsieur Gessner qui s'approche,
Quoiqu' de loin, j'l'ai vu com' j'vous vois,
Il est déjà près de la gross' roche,
I' s'ra bientôt dans l'petit bois.

TOUS.

Ça qu'on se dispose,
Ne négligeons rien,
Et sur toute chose
Entendons-nous bien.

LAURE.

Prends tes bouquets....

CLAIRE.

Monte au bocage.

SUZETTE.

Et ma corbeille?...

CLAIRE.

La voilà.

HEIDEGUER, *aux jeunes personnes.*

Vous, cachez-vous sous ce feuillage.

FORMAT.

Nous, dans la grotte.

ROBERT.

Et moi par là.

TOUS.

(*En se cachant et se plaçant.*)

Je crois qu'il s'avance,
Oui, j'entends ses pas.
Le plus grand silence :
Ne nous montrons pas.

---

## SCÈNE V.

LES MÊMES, GESSNER.

(*Guillaume est sur la montagne, Suzette cueille des fleurs au bas : les autres sont cachés et se montrent de tems en tems.*)

GESSNER, *traversant le théâtre.*

ON devoit venir au-devant de moi, et je n'ai encore vu personne.... Continuons.... (*il voit Suzette*). Le joli enfant!

GUILLAUME.

( *Il apperçoit sa sœur, descend, et court à elle* ).

*Air Suisse.*

Si matin dans la plaine,
Ma sœur, pourquoi courir ?
Ces tendres fleurs à peine
Commencent à s'ouvrir.
Tu viens de les cueillir,
Ta corbeille en est pleine,
A qui veux-tu l'offrir ?

GESSNER, *à part.*

Qu'entends-je !

SUZETTE.

*Même air.*

Ces fleurs, avec mystere,
J'ai su les rassembler
Pour mon pere et ma mere ;
Ils sont à sommeiller,
Et sans les éveiller,
Sur leur lit, mon cher frere,
Je vais les effeuiller.

GESSNER, *à part.*

C'est étonnant.

LAURE.

Le voilà bien surpris !

HEIDEGUER, *à Format.*

Il se reconnoît.

SUZETTE.

AIR : *Te bien aimer, ô ma tendre Zélie.*

Et toi, mon frere, au haut de la colline,
Lorsque ma main cueilloit ces fleurs des champs,
Que faisois-tu ? . . . . Mais mon cœur te devine,
Tu t'occupois aussi de nos parens.

GESSNER, *à part.*

Je n'en reviens pas.

ROBERT, *à part.*

Ils sont gentis, ces enfans !

GUILLAUME.

*Air de Wicht.*

En revenant du labourage,
Avant de rentrer au village,
Notre vieux pere aime à s'asseoir
Sur ce côteau d'où je viens de te voir.
Il regrettoit hier au soir
De n'y pas trouver un ombrage.
Il disoit : « contre la chaleur
Un berceau pourroit m'y défendre ».
Je l'ai bien entendu, ma sœur,
Mais j'ai feint de ne pas l'entendre.

ROBERT, *à part.*

Le p'tit espiègle.

GUILLAUME.

AIR : *Assis sur l'herbette.*

Ce bon père ignore,
Que sur le coteau,
Bien avant l'aurore,
J'ai fait ce berceau.

SUZETTE.

Après son ouvrage
Mon père y viendra,
Et ce verd feuillage
Le réjouira.

ROBERT, *à part.*

Pauv's petits !

GESSNER.

Je ne sais où j'en suis.

CLAIRE.

Je le crois.

HEIDEGUER, (*imposant silence*):

St.

GUILLAUME.

AIR : *Fillette, seulette.*

Mon père,
Ma mère
En voyant ces fleurs,
Se diront, ma chère,
(L'œil mouillé de pleurs)
C'est Daphné, c'est elle,

Voilà bien son cœur.
Pour notre bonheur,
Quel aimable zèle !
Pour notre bonheur,
Ah ! quel soin flatteur !

GESSNER.

C'est mon idylle!

HEIDEGUER.

Nous le tenons.

SUZETTE.

*Même air.*

Mon père,
Ma mère
Se diront tantôt :
Qui donc a pu faire
Ce berceau là haut ?
C'est lui, c'est Myrtile,
Voilà bien son cœur.
Pour notre bonheur
Il voit tout facile;
Pour notre bonheur,
Ah ! quel soin flatteur !

SUZETTE.

*Même air.*

Mon frère,

GUILLAUME.

Ma chère,

ENSEMBLE.

Quand on fait le bien,
Dans la matinée
On s'en trouve bien.
Toute la journée
Sourit à vos vœux :
Aussi, tous les deux,
Toute la journée,
Aussi, tous les deux
Nous serons heureux.

GESSNER.

C'est mon idylle d'un bout à l'autre.

(*Tous se montrent*).

M. HEIDEGUER.

Oui, monsieur, c'est votre idylle.

GESSNER, *à part.*

Je suis perdu.

HEIDEGUER.

Eh bien, M. Format, vous l'avois-je dit ?

Dès qu'on les caresse,
Qu'on use d'adresse,
Qu'avec délicatesse
On flatte leur foiblesse,
Le moins indiscret
Trahira son secret.

GESSNER, *à part.*

Je suis anéanti.

CLAIRE.

Ah! monsieur le mystérieux.

LAURE.

Je suis flatté, Gessner, de la confiance que vous avez en moi.

GESSNER.

Ah! Laure, croyez...

ROBERT, *lui présentant les enfans.*

Vous d'vez êt' content d'vos p'tits acteurs.

GUILLAUME, SUZETTE.

Avons-nous bien dit?

FORMAT.

Maintenant, M. Gessner, vous ne soutiendrez plus que vous n'avez point d'idylles, et j'espère bien que je les imprimerai.

GESSNER.

Non, monsieur, vous n'imprimerez rien.

HEIDEGUER.

Pourquoi donc? Oh! ne te gêne pas. Fais imprimer tes idylles, composes-en de nouvelles, livre-toi à l'impulsion de ton génie poétique, et crois-moi, épouse les muses.

GESSNER.

Quoi! monsieur?....

HEIDEGUER.

Tu le sais ; j'ai promis ma fille au peintre, mais le poete ne l'aura pas.

LAURE.

Comment ! mon pere !

HEIDEGUER.

Je l'avois dit à Gessner ; tu peux lui demander; je ne l'ai point trompé.

LAURE.

Eh ! quoi, Gessner ! quand je me plaisois à vous préparer cette surprise, j'aurois travaillé à nous rendre malheureux tous deux !

CLAIRE.

Mon frère ! combien je regrette !....

ROBERT.

Oh ! pour moi, si j'avois su, jarni !... je ne m'y serois pas prêté...

GUILLAUME, SUZETTE.

Ni moi non plus.

FORMAT.

Quoi ! monsieur ; c'est parce que M. Gessner a de l'esprit et du talent, que vous le refusez pour votre gendre ? Moi, si j'avois vingt filles, je les lui donnerois.

HEIDEGUER.

Soit. Mais moi, je n'en ai qu'une, et encore une fois, elle n'épousera pas un poëte.

LAURE.

Oh! mon père!

AIR : *Le cœur de mon Anette*, de Martini.

Lorsque l'amant que j'aime
Devenoit mon époux,
Quoi! vous rompez vous-même
Des nœuds formés par vous!
Hélas! ce jour
Fera verser bien des pleurs à l'amour.

TOUS, *excepté* HEIDEGUER.

Hélas! ce jour
Fera verser bien des pleurs à l'amour.

GESSNER.

*Même air.*

Puis-je vivre sans elle!..

LAURE.

Puis-je vivre sans lui!

| GESSNER. | LAURE. |
|---|---|
| Que ma peine est cruelle! | Que sa peine est cruelle! |
| Je perds tout aujourd'hui. | Il perd tout aujourd'hui. |
| Hélas! ce jour, etc. | Hélas! ce jour, etc. |

TOUS.

Hélas! ce jour, etc.

HEIDEGUER.

Vous aurez beau faire, vous ne me fléchirez pas ; mon parti est pris. Ma fille, aujourd'hui même, nous retournons à Zurich. Gessner, nous n'en serons pas moins amis.

GESSNER.

Quoi ! monsieur, vous auriez la cruauté !...

ROBERT (*les yeux sur le bois.*)

Eh v'là not' M. Hermann qui nous cherche sûrement.... Par ici... par ici... Oh ! comme il a l'air fâché !

---

## SCÈNE VI.

LES MÊMES. HERMANN.

HERMANN.

OU-où-où est-il ? Ah ! ah ! vous-vous voilà donc enfin !

CLAIRE.

Que voulez-vous, M. Hermann ?

HERMANN.

Ah !... mam... mam... mademoiselle... moi qui suis naturellement co-co-co-colère, je suis plus cou-cou-courroucé que jamais, je suis venu au grand ga-ga-galop, ven-ven-ventre à terre.... On m'a dit chez vous que-que.... vous étiez tous so-so-sortis, et que je vous trouverais sous-sous-sous ces arbres.

GESSNER.

M. Hermann, laissez-nous.

HERMANN, *à Gessner.*

Je sais bien que vous êtes beau-beau-beaucoup entêté, (*aux autres.*) mais vous qui êtes tous les-les-les-les amis de mo-monsieur.

AIR : *Une fille est un oiseau.*

Que-que-que-que diriez-vous,
Dis-dis-dites-moi d'un homme,
Qui-qui se conduit co-comme
Comme le plus grand des fous?
Il qui-qui-quitte, il abjure
La li-li-littérature,
Il veut à la pein-peinture
Se livrer uniquement.
Il est sans-sans-sans excuse,
Il se marie et refuse
Fo-fo-fo-fo-follement
La fortune qui l'attend.

HEIDEGUER.

Comment! la fortune?

HERMANN.

Il est sans-sans-sans excuse, etc.

HEIDEGUER.

Expliquez-vous.

HERMANN, *à M. Heideguer, en lui présentant une lettre.* Lis lis-lisez.

HEIDEGUER.

Cela ne me regarde pas.

HERMANN.

Si-si-si ça-ça regarde tout-tout le monde ici, et mam-mam-mamzelle sur-sur-tout, voyez.

LAURE.

Moi!...

CLAIRE.

Lisez, lisez ma bonne amie.

HEIDEGUER, (*à Laure qui hésite.*) Lis.

LAURE.

Monsieur le Bourguemestre :

« Vous avez voulu que je prisse toute la nuit » pour réfléchir sur la proposition que M. l'Ambassadeur de France vous a chargé de me faire » de la part de madame la duchesse de Choiseul. » Ma résolution étoit prise dès hier, et je n'en » ai pas changé. Je suis très-sensible aux bontés » de madame de Choiseul qui desirant m'attirer » à Paris, me fait l'offre d'une place aussi honorable qu'avantageuse. Je serais plus reconnoissant que pour moi-même, si elle vouloit » bien faire tomber ses bienfaits sur M. Hubert

» qui a traduit mon poëme d'Abel, et à qui je
» dois la plus grande partie de mon succès en
» France. Quant à moi, je suis fermement décidé
» à ne plus écrire, et je vais dès aujourd'hui,
» jeter au feu le peu d'ouvrages que j'ai dans
» mon porte-feuille.

FORMAT.

Monsieur! vos amis ne le souffriront pas.

HEIDEGUER.

Continue, ma fille

LAURE, *lisant.*

» Pour me livrer entièrement à la peinture.

HEMANN, (*voulant parler*).

Hi... Ho...

ROBERT.

N'vous pressez pas M. Hermann, possedez-vous.

LAURE, *lisant.*

» D'ailleurs, mon bonheur est assuré, j'épouse
» une femme charmante....

HEIDEGUER, *à Laure.*

Poursuis donc.

LAURE, *lisant.*

» Son père ne quitterait certainement pas la
» Suisse, et jamais je ne pourrais me déterminer
» à m'élogner de lui, encore moins à l'affliger

» en le séparant d'une fille qu'il adore, et qui » est si digne de sa tendresse ».

LAURE.

Oh! mon père!

HEIDEGUER.

Quoi! mon ami, voilà la réponse que tu fais à des propositions si avantageuses! viens dans mes bras.

FORMAT.

Que de nobles sacrifices!

HEIDEGUER.

Je ne les accepterai pas tous.

*Air du Vaudeville des Visitandines,*

A l'impulsion du génie,
Mon ami, cède sans retour.
La peinture et la poësie
Doivent partager ton amour.
A tes yeux en attraits égales,
Les muses ne me font plus peur,
Sûr, que ma fille dans ton cœur
N'aura jamais d'autres rivales.

GESSNER.

Ah! monsieur!

LAURE.

Ah! mon père!

ROBERT.

C'tte fois-ci, vous n'vous dédirez pas.

HEIDEGUER.

Oh ! non, c'est fini.

---

## VAUDEVILLE.

*Air d'une allemande de Wicht.*

FORMAT.

Le génie
A rien ne se plie,
Jaloux de ses droits,
Il prétend agir à son choix.

CHŒUR.

Le génie, etc.

HEIDEGUER.

Quelque fois
On le gêne, on le contrarie,
Mais je vois
Qu'il faut que l'on cède à sa voix.

CHŒUR.

Quelque fois, etc.

GESSNER.

Je vais tour-à-tour
Peindre et chanter ma jeune amie,
Je vais chaque jour
Vivre pour les arts et l'amour.

CHŒUR.

Il va tour-à-tour, etc.

LAURE, *à Gessner.*

Votre amie
Heureuse et chérie,
Vivra chaque jour
Pour la nature et pour l'amour.

CHŒUR.

Votre amie, etc.

CLAIRE.

A mon tour,
Puisque mon frère se marie,
A mon tour,
On pourra me parler d'amour.

CHŒUR.

A son tour, etc.

ROBERT.

Not' maît' tour-à-tour,
F'ra d'la peinture et de la poësie,
Puis viendra qu'euq' jour
Un p'tit enfant beau com' l'amour.

HERMANN.

C'est-c'est-... c'est mon tour.
Permettez je-je je vous prie,
C'est-c'est-c'est... mon tour
De-de-de-de....

ROBERT.

De rester court.

LES ENFANS, *aux autres personnages.*

Pour vous plaire
J'ai tâché d'bien faire,
Si vous êt's contens
Donnez d' l'ouvrage à vos enfans.

TOUS, *au Public.*

Pour vous plaire,
Ils ont voulu bien faire,
Etes-vous contens ?
Protégez vos petits enfans.

LAURE, *au Public.*

Des enfans
Nous faisons aussi la prière,
Car céans,
Petits et grands
Sont vos enfans.

TOUS.

Des enfans, etc.

FIN.

---

DE L'IMPRIMERIE DE VALADE.
Rue J.-J. Rousseau.

# LIVRES

Qui se trouvent chez le même Libraire.

TRAITÉ analytique des mouvemens apparens des corps célestes, par Dionis du Séjour. *Paris*, 1786, 1789, 2 vol. *in*-4°. fig. br. . . . . . . . . . 36 fr.

Guide des Négocians, ou Traité sur le commerce de cent vingt-six villes, d'Europe, d'Asie et d'Afrique, par Laurent Lippe. *Montpellier*, 1793, 1796, 2 vol. *in*-4°. br. . . . . . . . 24

Œuvres de Madame et Mlle. Deshoulières. *Paris*, 1764, 2 vol. petit *in*-12, rel. . . . 4

Collection complette des Dîners du Vaudeville; 36 n[os]. . . . . . . . . . . . . . . . . . . 27

La même collection rel. en 6 vol., v. fil d. sur tr. . . . . . . . . . . . . . . . . . . 34 50c

Bibliothèque des Romans, années 1788 et 1789, 24 vol. *in*-12. . . . . . . . . . . . . . . 36 fr.

*Il n'en reste que quelques exemplaires.*

*On trouve aussi chez le même Libraire, un assortiment considérable de livres dans tous les genres, et particulièrement de Théâtres anciens et modernes.*

www.ingramcontent.com/pod-product-compliance
Ingram Content Group UK Ltd.
Pitfield, Milton Keynes, MK11 3LW, UK
UKHW020348180726
13839UKWH00002B/998

9 782329 580944